I0843295